高效能人士都这样说话

期待以上に人を動かす伝え方

冲本るり子

［日］冲本琉璃子 著

朱悦玮 译

湖南文艺出版社
HUNAN LITERATURE AND ART PUBLISHING HOUSE

博集天卷
CS·BOOKY

KITAI IJYOUNI HITOWO UGOKASU TSUTAEKATA
Originally published in Japan by KANKI PUBLISHING INC.,
Chinese (in Simplified characters only) translation rights arranged with
KANKI PUBLISHING INC., through Japan Creative Agency

著作权合同登记号：图字 18-2021-299

图书在版编目（CIP）数据

高效能人士都这样说话 /（日）冲本琉璃子著；朱悦玮译. -- 长沙：湖南文艺出版社，2022.3
ISBN 978-7-5726-0592-5

Ⅰ. ①高… Ⅱ. ①冲… ②朱… Ⅲ. ①语言艺术
Ⅳ. ①H019

中国版本图书馆 CIP 数据核字（2022）第 018845 号

上架建议：经管励志

GAO XIAONENG RENSHI DOU ZHEYANG SHUOHUA
高效能人士都这样说话

著　　者：	[日] 冲本琉璃子	
译　　者：	朱悦玮	
出 版 人：	曾赛丰	
责任编辑：	吕苗莉	
监　　制：	邢越超	
策划编辑：	李齐章	
版权支持：	辛　艳　金　哲	
营销支持：	文刀刀	
版式设计：	利　锐	
封面设计：	主语设计	
内文排版：	百朗文化	
出　　版：	湖南文艺出版社	
	（长沙市雨花区东二环一段 508 号　邮编：410014）	
网　　址：	www.hnwy.net	
印　　刷：	三河市中晟雅豪印务有限公司	
经　　销：	新华书店	
开　　本：	880mm×1270mm　1/32	
字　　数：	123 千字	
印　　张：	6	
版　　次：	2022 年 3 月第 1 版	
印　　次：	2022 年 3 月第 1 次印刷	
书　　号：	ISBN 978-7-5726-0592-5	
定　　价：	48.00 元	

若有质量问题，请致电质量监督电话：010-59096394
团购电话：010-59320018

"想要把自己的想法准确地传达出去！"
"想要大胆地说出自己想说的话！"

很多人都有这样的烦恼吧。
但很遗憾，本书的主题并不是"传达"，
可能并不适合只想将自己的想法传达给他人的读者。
因为单纯的"传达"并没有任何意义。

前言

　　我每年举办大约 200 次的学习会和企业研修，为企业的经营者、领导者以及管理者提供关于"传达方法"的培训。

　　在培训中我最常说的一句话，就是"单纯的传达没有任何意义"。

　　就算对方听到了你说的话，就算对方理解了你要传达的意思，但如果对方没有按照你的期待采取行动，那就没有任何意义。

　　"希望将想要说的内容准确地传达出去！"

　　能够将自己的想法准确地传达给他人，确实是一件很了不起的事。但如果对方认为"我知道你想要做什么，但我不同意你的意见"，那你就无法取得任何成果。

　　将信息传达给他人之后，只有让对方接受并使项目顺利展开，才能取得成果。

　　针对上述问题，本书总结了让他人行动起来的秘诀。使用这些秘诀，不仅能让他人行动起来，还能取得"超出期待"的成果。

可能有人会问，什么是"超出期待"？关于这部分的具体内容，我将在正文中为大家详细地说明，简单来说，类似于"拜托对方想办法让客户降价一成，但对方主动提出有办法降价三成"。

听起来简直像奇迹一样。不是吗？只要掌握了让他人行动起来的秘诀，你也能够创造这样的奇迹。

更重要的是，这些秘诀非常简单，任何人都能掌握。即便你不擅长交流、不擅长微笑、缺乏共情力，也完全没有关系。

我来给大家出一道题。当遇到以下情况时，你会怎么做呢？

· 你正在参加部门内部会议，参加会议的人员总共有7人。

· 会议已经进入尾声，会议结束后大家准备一起去吃午饭，部长让你选一家店。

· 在不进行任何询问的前提下，你要提议一家饭店并推荐菜品。

· 会议的参加者平时总是对你的意见持批评态度。你必须想一个办法，让平时反对你的人也能对你的提议表示赞成。

· 时间限制1分钟。因为事发突然，你并没有充足的时间进行思考，必须马上提出意见。

（如果有条件的话，最好将你的回答录音。然后将录音的内容转为文字，这样有助于加深理解）

你的提议是什么？会议的参加者会同意你的提议，大家一起去吃午饭吗？

我在学习会和企业研修上也向听者提出过上述问题，得到最多的是以下这样的回答：

"最近天气非常炎热，甚至让人夜不能寐，所以我觉得在这段时间保持身体健康非常重要。很多人因为天热而没有食欲，或者因为工作繁忙而不吃饭……大家知道上周车站前新开了一家商场吧？我有个朋友在这家商场里开了个饭店。前几天我在车站偶然碰到他，他是我的高中好友，但近几年一直没见过面。他开的这个荞麦面店非常火，食客们每天都排很长的队。他给了我不少折扣券，而且我能和他预约座位，我想咱们一起去这家店吃午饭吧！"

大家在看完上述文字之后，肯定感觉不行吧？

但做出上述回答的本人完全意识不到（你肯定也没有意识到自己的回答存在什么问题）。

当听到上述提议的时候，会议的参加者可能会在心里想：

"这个人想表达什么？我完全没懂。"

甚至可能直截了当地反问：

"你想说什么？"

"嗯？然后呢？"

在这样的情况下，你的提议肯定不会被接受。

那么，要怎样做才能让这些平时总是反对自己的人接受自己的提议呢？怎样才能取得"超出期待"的成果呢？

只要大家读完本书，就一定能够找到上述问题的答案。

1 "传达"的目的是让对方行动起来

2 无法使人行动起来的传达方法

3 ｜ 让人行动起来的传达方法

"传达"的目的是让对方行动起来

- "以为自己说了"和没说一样
- "语言"比什么都重要
- "发出信息"的 5 个等级

01

"以为自己说了"
和没说一样

"我说了。""我没听到。"

"为什么会变成这样？""我完全是按照你的要求做的。"

像这样的争论，大家应该都经历过吧？明明你以为自己已经把内容都传达给对方了，但实际上并没有。如果这种状况持续下去，你的工作就无法顺利展开，也无法取得成果，与周围人的关系也会越来越差。

出现这种问题的原因主要有两个：第一个是"过于相信对方的理解能力"，第二个是"理解的偏差"。

"过于相信对方的理解能力"，正如字面意思，完全是你一厢情愿的想法。实际上在绝大多数情况下，对方都是只听自己想听的内容，然后按照对自己有利的方向去理解。

就算你认为"我不是这个意思，我的意思是这样的，我以为你能明白"，但在事情发生之后也于事无补。因为在对方看来，"你以为"只是"你以为"。

交流的关键在于"对方如何理解"。

所以，你必须在"让对方理解你的意图"上下功夫。

关于"理解的偏差"，请大家先完成下面的要求，我再进行具体的说明。

准备一张 A4 纸。

剪出 5 枚 1 元硬币大小的纸片，然后将其排列起来。

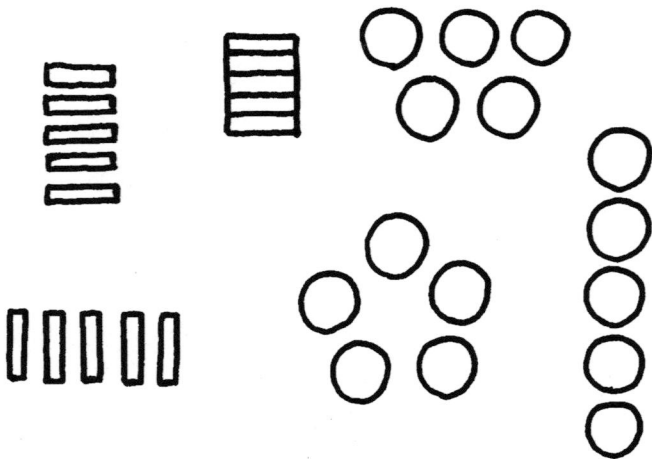

好了，你剪的纸片是什么形状？

排列的顺序又是什么样子的呢？

1元硬币根据观察的角度不同，可能是圆形，也可能是长方形。根据我前面的描述，纸片的形状可能像前面图片那样有许多种。至于哪一个是正确的，哪一个是错误的，并没有标准答案。

每个人的人生经历都不相同，所以在接收信息的时候，都会有自己的理解。

因此，在向他人传达信息的时候，必须以"对方可能会有和我不一样的理解"为前提，尽可能在传达时减少理解上的偏差。

过于相信对方的理解能力

→ "对方肯定会认真听我说话！"

→ "这种事不用我说他应该也知道！"

⇓

理解的偏差

→ 因为人生经验和价值观的不同而产生不同的理解。

⇓

"我说了。"

"我没听到。"

"为什么会变成这样？"

"我完全是按照你的要求做的。"

02

"语言" 比什么都重要

假如你要阻止一个人进入危险的区域，你会采取怎样的方法呢？

看着对方，大声地说"前面危险，不要过去"，双手交叉摆出禁止的手势，表情和语气都非常严肃认真。视线、语言、动作、表情、声音，这些都是非常重要的传达方式。

但如果只让你从这些传达方式中选择一个的话，你会选择哪一个呢？绝大多数人应该都会选"语言"吧。

与视线、表情等非语言的传达方式相比，"语言"更加重要。

虽然能够同时掌握"语言"与"非语言"的传达方式是最理想的状态，但要想同时掌握多种技巧并不是一件容易的事。所以首先应该从掌握最重要的"语言"开始。

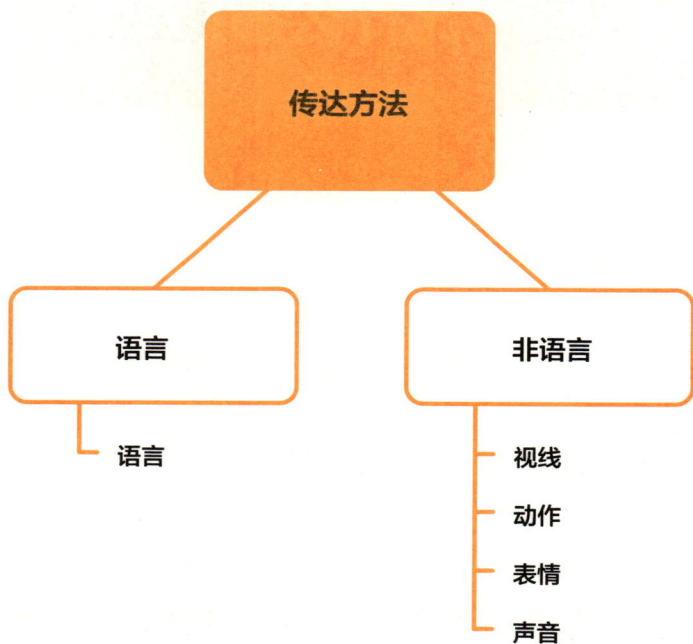

```
                    ┌─────────────┐
                    │  传达方法     │
                    └─────────────┘
                   ╱              ╲
         ┌──────────┐       ┌──────────┐
         │   语言    │       │  非语言   │
         └──────────┘       └──────────┘
              │                  ├─ 视线
              └─ 语言            ├─ 动作
                                 ├─ 表情
                                 └─ 声音


      → 仅凭这一点就能          → 仅凭其中之一很难
        让他人行动起来            让他人行动起来
```

03

"发出信息" 的 5 个等级

当你通过语言发出信息的时候，能保证将正确的信息传达给对方吗？

人类发出信息的熟练度如下页图片所示，分为 5 个等级。

作为本书的读者，应该追求的目标是最高等级的 "对方采取了超出你期待的行动"。

为了让大家更直观地理解这 5 个等级的具体差异，我们先假设以下的前提，然后再分别举例进行说明。

1 全世界水资源严重匮乏，饮用水是非常宝贵的资源。一瓶 2L 的饮用水价格高达 1 万日元以上。

2 你非常口渴，很想喝水，但你只有 7000 日元。A 君有两瓶水。

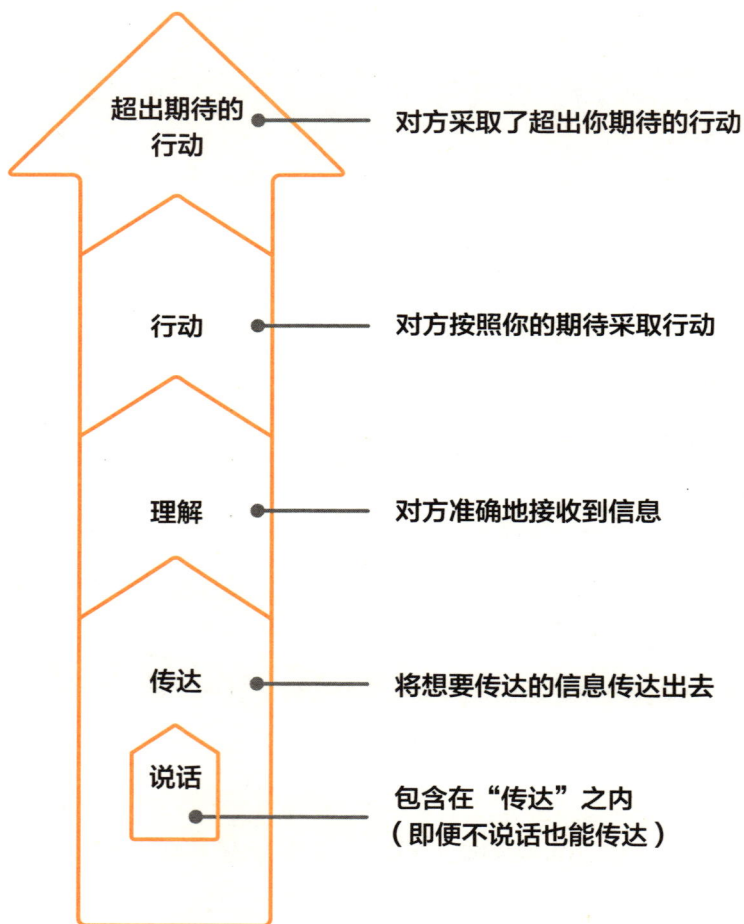

超出期待的行动 —— 对方采取了超出你期待的行动

行动 —— 对方按照你的期待采取行动

理解 —— 对方准确地接收到信息

传达 —— 将想要传达的信息传达出去

说话 —— 包含在"传达"之内
（即便不说话也能传达）

等级 1

说话

我渴了。

特征

只是小声地说话。

对方的反应

· 没听见。

每个人都只接收自己想接收的信息。

一般情况下，人们对"与自己没关系"的事情都会采取敬而远之的态度。

这样的话

没有任何效果。

2

传达

> A君，
> 我口渴了。

特征

并非自言自语，
而是有明确的传达对象。

对方的反应

· 意识到有人在对自己说话。

· 知道对方"口渴了"。

与"说话"不同，"传达"有明确的传达对象。对方能够意识到有人在对自己说话。

　　如果你只是想让 A 君知道你处于口渴的状态，那么这种程度的传达没什么问题。

　　但如果你口渴，非常希望喝点水，那么这种程度的传达就远远不够了。

　　因为你只向对方传达了"我口渴"的状态，却没有让对方理解你"想喝水"的愿望，所以也无法达成你的愿望。

等级 3

理解

> A 君，我口渴了。但……我现在只有 7000 日元。

特征

向对方准确地传达了现状。

对方的反应

· 意识到有人在对自己说话。

· 知道对方"口渴了，但只有 7000 日元"。

· 可能理解为"希望借给他 3000 日元"，或者"希望将水以 7000 日元的价格卖给他"。

"理解"与"传达"的区别在于，因为你准确地传达了现状，所以对方也能够对现状有一个正确的认知。

　　但因为你在传达信息的时候完全以自身为出发点，所以对方也可能会有许多不同的反应。比如，将你传达的信息理解为"希望借给他 3000 日元"，或者"希望将水以 7000 日元的价格卖给他"。

　　因为对方不一定会采取你期待的行动，所以你很难达成喝水的目标。

4

等级 4

行动

> A君，我口渴了，可以卖给我一瓶水吗？但我现在只有 7000 日元，差的 3000 日元我明天给你。

特征

明确地传达希望对方采取什么行动。

对方的反应

· 意识到有人在对自己说话。

· 知道对方"口渴了，但只有 7000 日元，差的 3000 日元明天拿来"。

· 至少会在第二天将水以 1 万日元的价格卖给你。

"行动"与"理解"的区别在于，通过明确地传达希望对方采取什么行动，能够极大地提高对方采取行动的可能性。

　　在这种情况下，至少明天凑齐 1 万日元之后就能买到水，所以能够达成喝水的目标。

　　只要能够让他人按照自己的期待行动，就能完成工作、取得成果，更重要的是可以建立起和谐的人际关系。

　　不过，要是能让工作变得更加轻松的话，何乐而不为呢？

等级 5

超出期待的行动

> A 君，可以给我喝点水吗？我现在渴得要死。但我钱包里只有 7000 日元。如果你给我喝水的话，我现在就能帮你做你最头痛的资料分析的工作。请给我喝点水吧。

特征

明确地传达希望对方采取什么行动。

此外，还告诉对方这样做对他有什么好处。

对方的反应

· 意识到有人在对自己说话。

· 知道对方"口渴了，但只有 7000 日元，不过可以帮忙做自己不擅长的资料分析工作"。

· 立刻将水以 7000 日元的价格卖给对方，或者将水赠送给对方。

人在遇到对自己有好处的事情时，就会非常积极主动，在这种情况下很有可能做出超出你期待的行动。

因为你说"可以帮忙做你最头痛的资料分析的工作"，所以对方很有可能做出超出你期待的行动。

可能有人认为"只要对方能够按照我的期待行动就足够了"。但目标越高，成果越大。如果你只以"让对方行动起来"为目标的话，那么到"理解"的等级就足够了。

从今往后，请大家以"让对方采取超出期待的行动"这一最高等级为目标努力吧！

☑ "我以为说过了"只是"你以为"。

☑ 绝对不能高估对方的理解能力。

☑ 人与人之间存在理解的偏差。

☑ 在传达信息时最重要的方式就是"语言"。

☑ 只有让对方行动起来,才能取得成果。

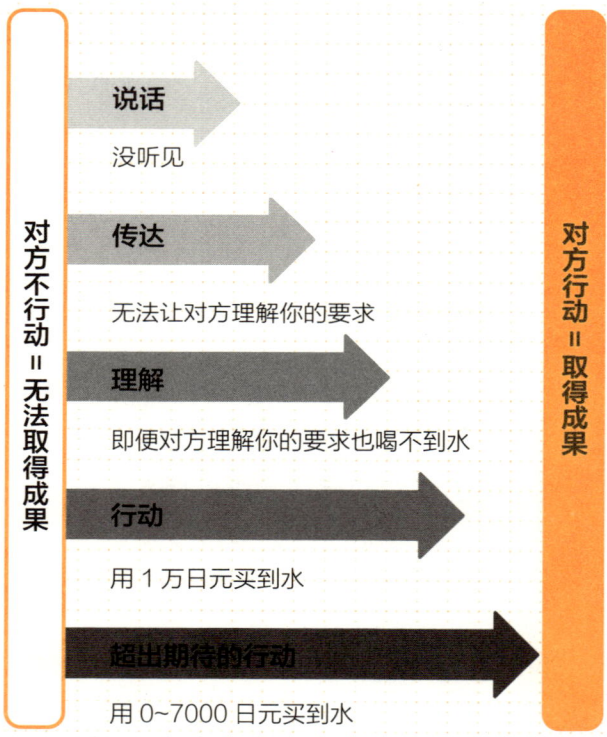

对方不行动 = 无法取得成果

说话
没听见

传达
无法让对方理解你的要求

理解
即便对方理解你的要求也喝不到水

行动
用 1 万日元买到水

超出期待的行动
用 0~7000 日元买到水

对方行动 = 取得成果

专栏

适得其反！绝对不能做的事①
说话时有"那个""嗯"之类的口头禅也没有问题！

"那个……今天啊，把大家召集到一起……"可能很多人在说话的时候都有像"那个""嗯"之类的口头禅吧。

其实在说话的时候有这样的口头禅并没有什么问题。当然，没有的话最好，但如果太在意这一点，将注意力都放在避免出现口头禅上，结果导致没有将自己的意思准确地传达出去，岂不是本末倒置？

如果这些口头禅能够使你有更充足的时间来厘清思路，使你能够将信息更加准确且完整地传达出去，那么带有一些口头禅也没什么问题。毕竟准确且完整的信息对听者来说更加重要。

毕竟我们不是要做播音员或者主持人，所以在说话时稍微带一些"那个""嗯"之类的口头禅也没有什么问题，请将注意力都集中在想要传达的信息上。

2

无法使人行动
起来的传达方法

- 为什么你会以为"我说过了"

- 突然提出要求

- 一句话特别长

- 想到哪说到哪

- 说话连贯，没有停顿

- 语气平淡，没有抑扬顿挫

- 使用有歧义的语言

01

为什么你会以为
"我说过了"

虽然本书的最终目标是"对方采取了超出你期待的行动"，但首先我们要知道"无法使人行动起来"的传达方法都有哪些特征。

比如，上司对部下这样说：

"前几天的部长会议上提出，每个人都必须重新调整自己的工作安排。各部门的联谊会太多了，经理也很烦。对了，最近新闻上报道的事情你看了吗？过劳死问题。工作太繁忙对身体不好，适当地运动很有必要。还有，要考虑一下加班的问题。员工自己也要想办法进行工作方法改革。"

对于上面这段话，部下可以理解为"请适当地进行运动"，也可能理解为"必须削减经费"。比如，部下以为上司的要求是"尽量减少联谊会和加班的时间"而减少工作量，但上司其实想说的是"应该尽量合理安排工作时间，按时完成工作任务"。

尽管上面这个例子有些极端，但大家可能都经历过类似的情况，部下认为"我明明都已经按照上司的要求做了，为什么还被训斥呢？"上司却认为"我明明都告诉他怎么做了，为什么他却不做呢？"

一般情况下，"无法使人行动起来"的传达方法都具有以下 6 个特点。

1 突然提出要求。

2 一句话特别长。

3 想到哪说到哪。

4 说话连贯，没有停顿。

5 语气平淡，没有抑扬顿挫。

6 使用有歧义的语言。

接下来我将对这 6 个特点分别进行具体的说明。

02

突然提出要求

别人之所以把你说的话当耳旁风，主要是因为没有将你说的内容放进脑子里，也就是常说的"没听进去"。当我们突然间和别人说话的时候，对方很有可能没来得及做出反应，也就无法将你说的内容放进脑子里。这就像突然将球扔给别人，别人不但接不住，还有可能被球砸伤一样。

✖ **NG（注：NO GOOD，不好的示例）**

"昨天复印机出毛病了，总是卡纸，山田部长让我去复印资料，结果也没复印上。那个复印机总是出毛病，严重影响工作，应该尽快找人来修理一下。

啊，对了，能帮我把这份资料交给山田部长吗？"

→ 首先将自己想要传达什么信息告诉对方

开门见山地将自己想要传达什么信息告诉对方，才能使对方做好准备。比如，用"我有件事想拜托你"来开头，对方就知道"接下来他要让我帮忙"。

✓ **OK（注：好的示例）**

"林先生，我有件事想拜托你。
可以帮我将这份资料交给山田部长吗？
因为昨天复印机出毛病了，我没复印上。
你一会要去和山田部长开会吧？
所以我想请你帮我把这份资料转交给山田部长。"

如果对方没有做好"听"的准备，就很有可能无法理解你所说的内容。举一个极端点的例子，如果有人突然对你说"山口"，你可能不知道他说的究竟是一个人名还是一个地名。

为了将信息准确地传达给对方，必须在一开始就将想要传达的信息告诉对方。

✕ NG

"山口。"

"以应对投诉为主题进行报告。"

"青田先生是负责人。"

✓ OK

"他是山口人。"

"报告的主题是应对投诉。"

"负责人是青田先生。"

如果用这种传达方法来回答前言提出的那个问题······

"关于午餐的提议，我建议吃香草咖喱饭。

推荐的理由是，香草具有消除疲劳的功效，对于工作繁忙的我们来说非常合适。

这家店所在的商场，距离我们只有步行 3 分钟的路程。

因此，我建议午餐吃香草咖喱饭。"

这种传达方法就能够将信息明确地传达出去。

03

一句话特别长

"因为……，但是……，不过……，所以……"像这样说了半天也没说完的一句话之中，因为含有多条信息，所以可能会使对方无法理解你究竟想要传达什么信息。

NG

"前几天，部长忽然让我做一份资料，

但是内田建设也委托我做预算，

因为我不知道应该先做哪一个，

所以我就找荒木前辈商量，

不过前辈主动提出帮我做预算，让我十分高兴，

这让我切实地感受到有困难的时候找别人商量的重要性……"

→ 一句话只传达一个信息

原则上来说，"一句话只传达一个信息"。当一句话的内容缩短时，就能避免出现"因为……""但是……""不过……"之类的连接词，使对方能够将注意力集中在传达的信息上。

✓ OK

"前几天，部长让我制作资料，内田建设也委托我做预算。因为我不知道应该先做哪一个，所以就和荒木前辈商量。幸运的是，前辈主动提出帮我做预算。这让我切实地感受到有困难的时候找别人商量的重要性。"

最能体现这个方法效果的当数自我介绍。实际上，小孩子的自我介绍最为简洁明了，而上了年纪的人做自我介绍时就复杂得多。

如果是你做自我介绍的话，会用哪种方法呢？

"我是冲本琉璃子，是一名讲师，我是广岛人，今年 25 岁，我非常喜欢吃什锦烧，也喜欢吃甜瓜，喜欢的颜色是橘红色，这次是受邻居川田先生的邀请前来，请大家多多关照。"

一句话之中包含的信息太多，容易使听者产生混乱。

OK

"我的名字叫山田太郎。

就读的学校是**山口中学。**

年龄是 **14 岁。**

参加的社团是**足球部。**

喜欢的科目是**数学**。

喜欢的食物是**咖喱饭**。

请大家多多关照。"

POINT

在每句话的开头用"××是"点明主题，一句话传达一个信息。

04

想到哪说到哪

如果你在说话的时候想到哪说到哪，完全没有连贯的逻辑，就无法将信息准确地传达给对方，对方也不会认真地听你说话。

✕ NG

"上次的会议，推迟了 10 分钟才终于开始。上个月的会议推迟了 15 分钟，会议期间还有人不停地离席打电话。我们要是把时间都浪费在开会上，就没时间去做本职工作了。所以我认为必须对现行的会议方式进行改革。其他的工作会出现失误。虽然工作上的失误确实是自己的责任，但就算想要有效地利用时间，仅凭自己的话也是有极限的。"

> **→ 将想要传达的内容放在"框架"里，有逻辑地传达出去。**

在说话的时候，明确"按照什么顺序，传达什么内容"非常重要。关于构成内容的框架，本书提出了 4 个方法，分别是"结果法""两面法""两三个法""为什么法"。

这 4 个方法有相同的规则，我先为大家介绍这个相同的规则，然后分别对 4 个方法进行说明。

【首尾】结论——在整个信息的开头和结尾，都要有"希望对方做什么"的"结论"。开头先说结论，可以使对方把握你接下来要说的内容的主题。最后重复一遍结论，可以使对方更加牢固地记住你"希望对方做什么"。毕竟人类是健忘的生物，所以最后的重复提醒很有必要。

【内容】结论——在每一句话之中，都要有这句话想要传达的"结论"。

> **→ 结果法**

通过传达提议内容的"结果"，使对方更容易接受你的提议。

① 结论：希望对方采取的行动。

② 现状：客观的事实。

③ 理由：主观的内容。

④ 结果：行动后会出现怎样的结果。

⑤ 结论：希望对方采取行动（重复①）。

像"那家店门前排了好多人"这样模糊的表达方法属于主观的内容，而"那家店门前排了10个人"这种用确切的数字进行表达的方法就属于客观的内容。

✓ OK

"①我提议对会议的方式进行改善。

②现在会议的开始时间总是要推迟 10 到 15 分钟，会议开始之后也总是有人离席去打电话。

③这导致我们花费很多时间在会议上，可能会使其他工作出现失误。

如果能够改善会议方式，④作为结果，我们就能更有效地利用时间。

综上所述，⑤我的提议是，改善会议方式。"

→ 两面法

将结论的"优点"和"缺点"，也就是事物的两面全部传达出去的方法。在传达缺点的时候，也要同时提出改善方法。在对方产生否定的想法时先下手为强，可以让对方更加信任你的提议。

① 结论：提议内容。

② 优点：效果、好处等。

③ 缺点：风险、坏处等。

④ 方法：改善方法、应对措施、预防措施等。

⑤ 结论：（重复①）。

优点最好能提出
2～3个，缺点
最好只提出1个。

✓ **OK**

"①我的提议是，举办成立 ×× 周年纪念酒会。

②这样做的优点是，可以借此机会向一直以来支持我们的客户表达感谢之情。

③缺点是，不管交易额多还是少，对所有的客户一视同仁。

④解决这个问题的方法是，对于年交易额在 500 万日元的企业客户，给予 1 个邀请名额，而年交易额在 5000 万日元的企业客户，则给予 6 个邀请名额。

综上所述，⑤我的提议是，举办成立 ×× 周年纪念酒会。"

→ 两三个法

这个方法其实就是著名的整体部分法（Whole Part）。按照整体（Whole）→部分（Part）→整体（Whole）的顺序来传达信息。这种方法的最大特点是在一开头就表明所要传达的信息数量。所以大家也可以简单地将其理解为"传达两三个理由的方法"。

① Whole：接下来所要传达的信息数量。

② Part：逐一进行说明。

③ Whole：总结（重复①）。

因为"整体部分法"不便于记忆，所以本书将其替换为"两三个法"，这样更便于大家通过这种方法的特征来进行记忆。

✔ OK

"我推荐的午餐店铺是位于东神田的'割烹三叶'。①**理由有3个。第一个是食材。第二个是味道。第三个是价格。**

②**第一个食材**，这家店与渔民和农户直接合作，选用的都是新鲜且珍贵的食材。**第二个味道**，这家店能够将很难做的食材做得非常好吃。**第三个价格**，这家店的人均消费只有1000日元左右，非常便宜。

③**综上所述，因为食材、味道、价格这三个理由**，我推荐午餐的店铺去'割烹三叶'。"

→ **为什么法**

这是另一个非常著名的传达方法，也被称为PREP法。首先陈述结论，然后用"为什么呢……"来陈述理由，同时配以具体的事例。

> ① Point（结论）：提议内容。
> ② Reason（理由）：为什么呢？理由是……
> ③ Example（具体事例）：比如……
> ④ Point（结论）：提议（重复①）。

OK

"①我的午餐提议是去吃荞麦面。

②为什么呢? 因为最近很多人都睡不好觉,导致身体比较差。而清凉爽口的荞麦面即便在没有食欲的情况下也能吃得下去。

③比如,站前新开业的商场里面就有一家总是排着很长队伍的荞麦面店。我有这家店的折扣券,还能预约座位。

综上所述,④我的午餐提议是去吃荞麦面。"

因为"PREP 法"不便于记忆,所以本书将其替换为"为什么法",这样更便于大家通过这种方法的特征来进行记忆。

05

说话连贯，没有停顿

或许有人觉得，"说话连贯，没有停顿"难道不是一件好事吗？但从"吸引他人的注意力"的角度来说，说话时最好有一定的停顿。

因为如果你说话太连贯，在对方听来就只是一种有规律的"声音"。这种声音虽然听起来让人心情舒畅，却难以使人把握具体的内容。

比如，摇篮曲和朗诵，肯定是越连贯越好。但在商务活动中的对话，过于连贯且没有停顿的话，只会起到催眠的效果。

→ 注意标点符号

　　即便你在说话时做到了一句话只传达一个信息，但如果在句与句之间没有停顿或者停顿太短，也会使听者难以把握你想要传达的内容。

　　所以在说话时，必须让听者能够清楚地意识到你一句话说完了。

　　具体来说，就是在说话时也要注意标点符号，意味着一句话完结的句号尤为重要。

　　请在句与句之间至少停顿一个字的时间。

① 说话即便不连贯也没关系。

② 即便在说话时也要注意标点符号。

③ 为了让对方知道你的一句话说完了，在句与句之间至少停顿一个字的时间。

06

语气平淡，没有抑扬顿挫

根据 EQ（Emotional Quotient）理论，人类在处于正面情绪的情况下，会更加积极地采取行动。

如果你在说话时语气非常平淡，没有抑扬顿挫，可能会使听者产生"他究竟要说什么？！"的焦躁感和愤怒感。但如果你在说话时能够很好地调整自己的语气，并且适当地穿插一些停顿与间隔，则能够使听者产生"他究竟想说什么？！"的激动和期待。

我们应该尽量避免使听者产生焦躁和愤怒的负面情绪，同时努力激发出激动和期待的正面情绪。

激动、期待　　焦躁、愤怒

→ **在说话时适当插入能够引发对方期待的"间隔"**

　　为了激发出听者的正面情绪，在一开始说完"结论"之后，应该留出至少 2 个字的间隔时间。同样在后面的内容中也要充分利用这些间隔时间来使你的说话节奏富有变化，提高听者的期待感。

✓ **OK**

　　"**我的提议是，**（间隔）（间隔）邀请客户一起参加三天两晚的温泉旅行。

（间隔）在温泉旅行时，能够与客户进行长时间的交流，加深彼此之间的感情。（间隔）这样做的结果，（间隔）就是能够最有效率地利用经费和时间。（间隔）综上所述，我的提议是，（间隔）三天两晚的温泉旅行。"

07

使用有歧义的语言

日本人总是喜欢在日常生活中使用外来语，但这些外来语往往含有多种含义，可能引发听者的误解。比如，最近常说的"Inbound"，既可以表示"外国人来日本旅游观光"，也可以表示"客户来企业拜访""客户打电话过来"等。

NG

"这只是我的一个 idea，与 user 进行信息的 share 已经是一种Consensus。

但是，对方出于某种原因而单方面地 pending，实在是非常遗憾。

不过我们已经在得到双方认可的基础上，取得了 fix 的

evidence，所以不会出现纠纷。"

→ **尽量不要使用外来语和专业术语**

如果用普通人都能听懂的语言来传达信息，就不会出现误解。

OK

"这只是我的一个想法，与用户进行信息的共享已经是一种
共识。

但是，对方出于某种原因而单方面地有所保留，实在是非常
遗憾。

不过我们已经在得到双方认可的基础上，取得了决定性的证
据，所以不会出现纠纷。"

一定要选择不会引发歧义的语言！

上一页之中的 NG 示例，主要的问题在于使用了太多的外来语。

在你的工作现场，是否也经常出现以下外来语呢？

最好用日常用语表述的"外来语"TOP10

1　commitment（承诺、花费）

2　user（用户、消费者）

3　evidence（证据、证实）

4　spec（能力、性能）

5　agenda（议题、课题）

6　consensus（一致）

7　fix（决定）

8　idea（想法）

9　share（共享）

10　pending（保留、中止）

如果你用"pending"来表示"保留"的意思，对方可能理解为"中止"……

此外，专业术语也可能产生歧义，使听者的思维产生混乱。例如：

"pacing 非常重要。

通过获得对方的承认，

就能取得 rapport。"

这段话，如果是心理学或者语言学专业的人，理解起来应该没有什么问题。"pacing"在语言学上的意思是"说话的速度和声调都非常合理"，"承认"在语言学上有"认可"的意思，"rapport"是"信赖关系"的意思。

但对普通的商务人士来说，"承认"一般指的是"公司的决定"。

专业术语如果用的时间久了，就会意识不到它属于专业术语，这一点必须特别注意才行。

无法使人行动起来的传达方法的特征

1 | 突然提出要求。

2 | 一句话特别长。

3 | 想到哪说到哪。

4 | 说话连贯，没有停顿。

5 | 语气平淡，没有抑扬顿挫。

6 | 使用有歧义的语言。

改善方法

1 首先将自己想要传达什么信息告诉对方。

2 一句话只传达一个信息。

3 将想要传达的内容放在"框架"里，
有逻辑地传达出去。

4 注意标点符号。

5 在说话时适当插入能够引发对方期待的"间隔"。

6 尽量不要使用外来语和专业术语。

适得其反！绝对不能做的事②
不必强颜欢笑

视觉效果确实非常重要，包括表情、目光、动作。很多口才培训班强调的声音、声调、语气等说话方法也很重要。

但这些都不是交流的主角，只是为主角增光添彩的配角。与下意识地保持微笑和控制声调相比，最应该注意的其实是"语言"。

我刚参加工作的时候，上司是一名退伍军人。我每次向他汇报工作时，他都会训斥我："冲本你说话的时候手不要乱动，说话就好好说话。"因为那个时候我习惯在说话时搭配手部的动作。

我回忆了一下在电视和电影里看到过的军队中的场面，军人们在说话时确实只用语言进行交流。仅凭肢体语言和表情，无法将自己的想法准确地传达给对方。就算自己的表情或者声调不好，但只要语言说得清楚，就能使对方行动起来。

下意识地让自己面带微笑之前，请将更多的注意力放在检查自己的"语言"上吧。

3

让人行动起来的
传达方法

- 让人行动起来的 3 个秘诀

- 首先传达结论

- 设定期限

- 使用共通的指标和单位

- 让对方成为自己的伙伴

- 不要以交涉为前提

- 用准确的表述来提高接受度

- 不要反复使用相同的语言

- 说话要尽量简明扼要

- 以对方为中心传达信息

- 不要说服对方，而是让对方接受

01

让人行动起来的 3 个秘诀

要想让他人按照自己的期待采取行动，可以参考以下 3 个
秘诀。

① 准确地传达想要说的内容。
② 在遣词造句上下功夫。
③ 不要让对方产生负面的感情。

如果说话的时候含糊其词，不能明确地将信息传达出去，就
会使听者产生误解。

这样一来，对方很有可能采取与你的期待不同的行动。

所以，在说话时要尽量避免使对方产生误解。

➡ 秘诀① 准确地传达想要说的内容

日本人自古以来说话就喜欢拐弯抹角，指望着对方"自己觉察"。而这种顾左右而言他的说话方式，只会使对方对你所说的内容产生许多种解释。

比如，你对一个久未联系的朋友说"我的新书出版了"，会出现怎样的结果呢？

对方可能会对此做出许多种解释。或许你（作者）想的是"请买一本，帮我宣传一下吧"。

但站在对方的立场上来说，直接用"恭喜你啊"表示祝贺是最轻松的选择。在这种情况下，你就很难让对方按照自己的期待采取行动。

➡ 秘诀② 在遣词造句上下功夫

如果你很想邀请对方和自己一起吃午饭，以下这几种说法，你会选择哪一个呢？

"如果可以的话，能邀请您和我共进午餐吗？"

"如果可以的话，我们一起去吃午餐吧。"

谦虚并不是美德！

虽然自古以来谦虚都被认为是一种美德，
但现在时代不同了。
与处处都表现的谦虚谨慎相比，有时候准确地将
信息传达出去，更能激发对方的正面情绪。

✕
"不是什么好东西。"
"不知道合不合您的口味。"

> 虽然体现出了谦虚的态度，但因为这都是客套话，所以不能打动对方的心。

〇
"这是丸之内最受欢迎的限定产品。"
"我特别挑选了没胃口的时候也能吃得下去的美味食物。"

> 将"专门为你挑选"的心情传达给对方，使对方产生正面的情绪。

"能邀请您和我共进午餐吗？"

"我们一起去吃午餐吧。"

虽然表达的是相同的意思，但不同的遣词造句所反映出的"认真程度"是有差距的。前面的这几句话，认真程度从上往下是越来越强的。

在向对方传达信息的时候，表现出非常认真的态度，更容易使对方行动起来。

→ 秘诀③ 不要让对方产生负面的感情

正如第 2 章中提到的那样，如果对方认为"不知道你在说些什么""说起来没完没了"，就会产生焦躁和愤怒等负面情绪。

当听者处于负面情绪的状态时，就会不愿意采取任何行动。

比如，上司给你下达命令的时候。

如果你和这位上司之间并没有建立起信赖关系，那么你对他下达的命令就会产生负面情绪。在这种情况下，你只会采取最低限度的行动，根本不可能超出对方的期待。

但如果是你非常信赖的上司下达的命令，你就会产生正面情绪，这样就很有可能采取超出对方期待的行动。

所以，要想让对方行动起来，首先就要想办法激发对方的正面情绪。

人会根据不同的感情状态采取
不同的行动

正面情绪时

超出期待的行动

行动

负面情绪时

不情愿的行动

不行动

02
首先传达结论

如果不用语言明确地将"希望对方做什么"传达出来，对方就不知道应该做什么。在这种情况下，对方可能会根据自己的理解采取行动，结果没有按照你的期待行动。为了避免出现上述问题，应该在一开头就将"希望对方做什么"明确地传达出来。

✕ NG

"最近天气很热，每天都出满身的汗，晚上睡不好觉，也没有食欲……

在这种时候，大家都想吃一些清爽的食物吧？

车站旁边上周新开了一家商场，里面有一个总是排着很长队伍的荞麦面店。

我和那家店的店长是高中同学，昨天我下班时刚好碰到他。

你们看，他给了我一些折扣券。

正常情况下他们家是不能预约午餐的，但因为我是他的朋友，所以可以预约。"

OK

"明天的午餐，我们一起去吃荞麦面吧。

地点就在车站旁边新开的那家商场里面，有一个总是排着很长队伍的荞麦面店。

我有折扣券，还能预约座位。

最近很多人都说想吃点清爽的食物。

我们一起去吃荞麦面吧。"

开门见山地传达结论之后，在最后重复一遍效果会更好。

03

设定期限

　　我们在拜托别人做什么事情的时候，总是会说"您方便的时候……"，这其实指的就是"有空的时候"。但对商务人士来说，每天都要完成许许多多的工作，甚至还可能出现来不及完成的情况，所以基本上不可能有空闲的时候。如果是"有空的时候"才能做的事情，恐怕就会被一直推迟。

　　假设 A、B、C 三个人先后委托你制作资料，你会按照什么顺序来做呢？

> A "您方便的时候。"
>
> B "请在这周四上午 10 点之前。"
>
> C "请在下周二下午 1 点半之前。"

恐怕绝大多数人都会按照"B → C → A"的顺序来做吧。

如果在你做完 C 的资料之后，又有人对你说"请在今天下午 4 点半之前做一份预算"的话，那么 A 的资料又会被推迟。

每个人都会优先处理那些紧急性高、时间期限短的工作。所以"有空的时候"才能做的事情就永远也不会做。

为了让对方能够切实地行动起来，在委托别人做什么事的时候，一定要同时告诉对方"完成的期限"。

想办法提高委托的优先等级！

"啊，园田先生。不好意思，**您方便的时候**可以帮我处理一下这件事吗？"

"真田先生，**您有空的时候**可以告诉我一声吗？"

"等**你方便的时候**我们一起去吃午餐吧。"

POINT

"您方便的时候＝不是什么大事"，所以对方会降低这件事的优先等级。

✅ OK

"啊，园田先生。不好意思，15 日下午 3 点之前可以帮我做完吗?"

"真田先生，可以在 1 小时之内来找我一下吗?"

"下周五中午 12 点，我们一起去最近很火的'三叶'吃饭吧。"

POINT

将期限和时间准确地传达给对方，就可以使对方按照自己的预期来行动。

04

使用共通的指标和单位

你所说的"多"和"少"的基准是什么呢?

比如,你拜托别人"帮我添点饭,少添一点就好",结果拿到饭碗一看,可能会出现"怎么添了这么多啊……"或者"虽说少添一点,但这也太少了……"之类的结果。

虽然我们不能说"请帮我添 38g 的米饭"或者"……98g 米饭",但至少可以用"半碗"或者"三分之二碗"这种明确的基准来进行表述,这样对方就不会出现理解上的偏差。

因为每个人对"多、少""大、小"的解释都不相同,所以要尽量用共通的指标和单位来传达信息。

"这次的聚会参加的人数很少，加上之前每次都剩下很多饮料。所以这次**少买点**啤酒就好。比萨也**少买一些**。但三明治每次都不够吃，所以要**多买一些**。"

↓

"辛苦你啦。啤酒有点太少了，只有这些吗？食物怎么全是三明治啊，怎么回事？！"

OK

"这次，**买一箱500ml的罐装啤酒**就好。比萨就**买上次的一半**那么多，三明治要**比上次多一倍**。"

POINT

用共通的指标和单位来传达信息。

05

让对方成为自己的伙伴

如果有人对你说以下几句话，哪一句更能打动你呢？

> A "要不要一起去吃午饭？"
>
> B "如果可以的话，请和我一起去吃个午饭吧。"
>
> C "我们一起去吃午饭吧。"

对于 A 的说法，可以回答"去"或者"不去"。也就是说，会使人在潜意识中产生一半的拒绝。

而 B 的说法则更加具有不确定性。会使听者产生"邀请十次，只需要同意一次就好"的感觉。

而 C 的说法则具有很强的肯定性。与前面两个说法相比，诚意满满的说法更容易打动对方。

"**要不要一起去**听心理学的讲座？"

"**如果可以的话**，能买这本书吗？"

"下周花泽先生的送别会，**你会来参加吗？**"

"**一起去**听心理学的讲座**吧！**"

"**买**这本书**吧！**"

"**参加**下周花泽先生的送别会**吧！**"

POINT

用"（一起）……吧！"的说法将对方变成自己的伙伴。

06

不要以交涉为前提

如果希望对方按照自己的期望采取行动，就不能以交涉为前提。

比如，在买卖双方讨价还价的时候，卖方一般都会先设定较高的金额，然后让对方慢慢砍价。也就是以必败的准备去进行第一回合的较量，以此来试探对方的底线。但这样的态度很难使对方采取符合自己期望的行动。

✕ NG

"我们和贵公司已经合作很长时间了，

今后希望还能继续合作。

为表诚意，我们愿意降价 10 万日元，

定价 90 万日元，现在给您 80 万日元怎么样？"

（最低可以接受对方砍价到 70 万日元，总之先用 80 万日元来交涉一下吧）

 **OK**

"我提议的价格是，两个合计 170 万日元。

您也知道我们公司平时是从不降价的。但这次因为您一下采购两个，所以能够破例提供一些优惠。而且我们两家合作了 10 年之久，今后希望还能和贵公司继续合作，这也算是我们表示的诚意。

但这个价格就不能再低了。

两个合计 170 万日元，请您接受这个条件和我们签合同吧。"

POINT
以一次成功为前提
传达信息。

07

用准确的表述
来提高接受度

A 和 B 两个上司的建议，哪一个更值得信赖呢？

Ⓐ "我认为这款设计可能比较好。"

"这个企划可能调整一下比较好。"

Ⓑ "我认为这个设计比较好。"

"把这个企划调整一下吧。"

"可能"这种说法意味着缺乏自信，会使听者产生不信任的感觉。而准确的表述则会显得自己很有信心，能够使听者更容易接受。要想让他人行动起来，就必须自信地使用准确的表述。

NG

"使用这台复印机可能更好。"

"我觉得您可能更适合这款商品。"

"我觉得大概没问题吧。"

OK

"使用这台复印机更好。"

"您更适合这款商品。"

"没问题。"

POINT

表述要清晰、准确。

08
不要反复使用相同的语言

在想要强调重点内容的时候，将重点内容重复几次是没有问题的。但在其他情况下，最好不要反复使用相同的语言。因为这会使听者感觉枯燥、乏味，产生焦躁的负面情绪。所以在说话时要尽量简明扼要，消除"语言上的赘肉"。

NG

"**我觉得**大家应该一起去吃午饭。
我觉得站前的那家寿司店不错。

为什么这么说呢？因为这家店的评分有 3.8，而且门前总是排队，所以我觉得这是一家很受欢迎的店铺。"

POINT

"我觉得"这句话并不需要反复强调，所以不建议反复使用。

✓ **OK**

"我们一起去吃午饭吧。

站前的那家寿司店很好。

因为这家店的评分有 3.8，而且门前总是排队，是一家很受欢迎的店铺。

我们一起去吃午饭吧。"

POINT

对于想要强调的内容，可以重复。

"**我觉得**大家应该一起去吃午饭。

我认为站前的那家寿司店很好。

因为这家店的评分有 3.8，而且门前总是排队，**我感觉**它是一家很受欢迎的店铺。"

> **POINT**
>
> 如果"我觉得"是你的口头禅，可以用"我认为"或者"我感觉"这种说法进行替换，避免重复。

09

说话要尽量简明扼要

　　如果说起来没完没了，就会占用对方更多的时间。如果你说的内容对听者有益，那当然没有问题，但如果对方认为你说的内容没有意义，就会产生焦躁和愤怒的负面情绪。所以在传达内容的时候，要尽量简明扼要，只将必要的信息传达出去。

　　在学习会和演讲会结束后的提问时间，经常会出现这种"没有意义的内容说起来没完没了"的情况。尽管每次我都会说"因为剩余的时间不多，希望大家在提问时能够尽量简短一些"，但还是有很多人根本不考虑别人的情况，只顾着自说自话。

（学习会结束之后）

"因为剩下的时间不多，我们只选一名听众提问吧。

请有问题的听众举手。"

"通过今天的学习会，我收获了非常宝贵的知识，非常感谢。

我是来自广岛的冲本琉璃子。

我经营着一家生产日式点心的店铺。

昨天我才抵达东京……（继续说些与问题无关的内容）……

（5分钟之后）就是这样，非常感谢。"

POINT

一直在说"自我介绍""经验""意见"，却没有最关键的"提问"。

OK

"通过今天的学习会，我收获了非常宝贵的知识，非常感谢。

我是来自广岛的冲本琉璃子。

我的问题是，关于 ×× 应该怎么解决？非常感谢。"

"自说自话"的典型代表就是自我介绍。但只要掌握好说话的技巧，即便在做自我介绍时，也能避免使对方产生焦躁的负面情绪。

"我是株式会社八王子的森裕子，从事化学废弃物处理工作已经有 48 个年头，最近我提出了'废弃物支援'项目，为了创造一个安心安全的世界，对使用过的化学物品进行无害化处理。我注册了一个'TEAM CWRM'的商标，全称是 Team chemical waste risk management。如果大家有关于化学废弃物的信息，请联系我们。非常感谢。"

POINT

一句话的内容太长，而且只有发言者自己的信息，无法打动听者的心。

"我的名字叫森裕子。我现在开展的项目，叫作'废弃物支援'。我的目标是，通过对使用过的化学物品进行无害化处理，创造一个安全安心的世界。因此我希望大家能够帮助我。如果您有关于化学废弃物的信息，请都告诉我。

我能给大家提供的帮助是，我可以为您和想要结识的对象牵线搭桥。因为我多年来与许多经营者建立了联系。我是株式会社八王子'废弃物支援'项目的森裕子。非常感谢。"

10

以对方为中心传达信息

　　每个人都喜欢对自己有利的内容，当发现对自己有利时才会开始行动。比如，有一个营业人员突然到访，对你说了这样一句话：

　　"您好。如果我不能在下班之前收到 50 张名片的话，就会被上司训斥。所以，请给我一张您的名片吧。"

　　在这种情况下，你会给他名片吗?

说话者（营业人员）的好处

· 能够拿到名片
· 不会被上司训斥

听者的好处

· 没有

⬇

听者不会行动

✕ NG

"我想参与这个企划。我一直希望能够参与像这样重要的项目，给自己积累一些经验和业绩。因为这个项目很有发展前景，所以我一定会努力的。"

> **POINT**
>
> 【以自己为中心】
> · 自己想参与。
> · 自己想积累经验和业绩。
> · 自己会努力。

OK

"请让我和大家一起为这个企划努力。我一直希望能够参与这样重要的项目，希望能够做出自己的贡献。请大家把所有的打杂工作都交给我吧。这样大家就能将精力放在主要的工作上，让项目进展得更加顺利。所以，请一定让我和大家一起努力吧。"

POINT

【以对方为中心】
· 希望为大家做贡献。
· 为了大家而努力工作。
· 和大家一起努力。

11

不要说服对方，
而是让对方接受

　　如果你尝试去"说服"对方，就会不自觉地用一种高压的态度去传达信息。说起来没完没了，东一句西一句，只会使对方产生强烈的负面情绪。

接受

说服

站在对方的立场上思考
"应该怎么做才好"

只想着自己的事情
"说起来没完没了"

以让对方接受为目标

以说服对方为目标

- 以对方为中心
- 简明扼要
- 知道自己想说什么
- 激发对方的正面情绪
- 让对方"接受"

- 以自己为中心
- 说起来没完没了
- 不知道自己想说什么
- 想要说服对方，使对方
  产生焦躁和愤怒的负面
  情绪

因为激发对方的正面情绪，
所以更容易取得
超出期待的成果

因为对方感觉自己是被动
地被说服，
所以不愿主动地采取行动

因此，正确的传达方法是让对方主动"接受"，而非被动地被你"说服"。

如果对方是被动地被你说服，那么他就不会积极主动地行动，但如果对方是主动接受，则会在正面情绪的带动下主动地行动，这样也更容易取得超出期待的成果。

❌ NG

"因此，正像我反复强调的那样，

我这都是为了大家好才说的。

制作这份资料可以使工作变得更加轻松。

之后再看就一目了然。

你们看，看这里！这个资料也是。

……（进行 10 分钟的说明）……综上所述，

在我负责期间，因为采用了这种方法，

加班的时间减少了一半。

所以，**大家也应该采用这种方法。**"

POINT

强硬地说服只会让对方产生负面情绪。

✔ OK

"我的提议是，改变制作资料的方法。

因为我以前尝试过这种方法，

并且成功地减少了一半加班的时间。

如果采用这种方法的话，

大家制作资料一定也会更轻松的。

所以，我建议大家采用这种方法。"

> **POINT**
>
> 站在对方的立场上传达信息，以让对方接受为目的。

✕ 含混不清的语言无法使对方行动起来

1	没有清楚地说明应该怎么做。
2	"您方便的时候。"
3	不用准确的数字进行表述。
4	用反问句和疑问句。
5	以反复交涉为前提。
6	只顾说自己的想法。
7	重复没有意义的话。
8	说起来没完没了。
9	只考虑自己的利益。
10	尝试说服对方。

充满自信的话语才能让对方行动起来

1 | 首先传达结论。

2 | 设定期限。

3 | 使用共通的指标和单位。

4 | 让对方成为自己的伙伴。

5 | 不要以交涉为前提。

6 | 用准确的表述来提高接受度。

7 | 不要反复使用相同的语言。

8 | 说话要尽量简明扼要。

9 | 以对方为中心传达信息。

10 | 不要说服对方，而是让对方接受。

适得其反！绝对不能做的事③
故意抑扬顿挫会让人感觉你在拿腔拿调

在说话的时候表现出开心或者悲伤的情绪，将感情融入所要传达的信息中，是一件非常了不起的事。但在说话时融入感情，并不需要下意识地去做。

如果下意识地融入感情、说话抑扬顿挫，只会使人感觉你在故意拿腔拿调。毕竟我们只是在日常生活中进行交流，而不是在表演话剧。所以只要自然地说话就好。

我在举办讲座时遇到一位听众，他说起话来就非常有感情，让人感觉他好像在表演舞台剧。我不由得问他："请问您是话剧演员吗？"

结果对方说，他曾经在口才学校学习过一年，但在职场中与同事进行沟通时非常不顺利，所以才来听我的讲座。我怀疑他的同事可能觉得他的这种说话方式太做作了、缺乏认真度，才导致沟通不畅。因此大家切记，在说话的时候一定要做到真诚和自然。

4

让对方采取
"超出期待的行动"
的传达方法

- 激发对方的正面情绪，就能让对方采取超出期待的行动

- 不需要真正的共鸣和称赞

- 用一句话调动他人的感情

- 重复对方的行动

- 重复对方的思考

- 重复对方的感情

- 不要让对方说出负面的语言

- 用"提问"让对方感觉自己"被称赞了"

- 让对方"自吹自擂"

- 转述第三方的评论

01

激发对方的正面情绪，就能让对方采取超出期待的行动

正如前文中介绍的那样，如果他人采取了超出你期待的行动，那一定是因为你激发了他的正面情绪。

怎样才能激发对方的正面情绪呢？与对方产生共鸣，称赞、鼓励对方，这些都是非常有效的方法。但可能有人会说，"我很难理解他人的心情，所以不擅长与他人产生共鸣"，或者"我最不擅长称赞别人了"。

但请不要担心。因为不管是"共鸣"还是"称赞"，都是一种可以通过学习掌握的技术。

你既不需要理解他人的心情，也不需要绞尽脑汁地去思考赞美之词。

你只需要掌握一点技巧，就可以理解他人的心情，与他人产生共鸣，或者称赞他人。

不要刻意地"共鸣"和"称赞"！

可能有人觉得"我很擅长共鸣和称赞"。但需要注意的是，这很有可能只是"你觉得"而已。

即便你觉得自己和对方有"共鸣"或者"称赞"对方，但如果对方不这么想的话，也就没有任何意义。甚至有时候对方可能觉得你是在"蔑视"或者"否定"他。

明明这么简单的事，难道他对我的能力如此低估吗？

真了不起啊！

当我傻吗？ ← 觉得在称赞对方

02

不需要真正的共鸣和称赞

请你对自己说：

"立刻爱上与自己擦肩而过的人。"

怎么样？爱上了吗？一定是没有吧？

请再试试这句话。

"立刻站起来举起双手。"

这个应该能做到吧？

由此可见，人能随心所欲地控制自己的身体，却很难控制自己的心情。这也是没办法的事。

因此，我们不需要强迫自己真正与对方产生共鸣或者真心地去称赞对方。

很多认为自己不擅长共鸣的人，都是因为"我无法与对方产生同样的心情"。但这其实是一种误解，因为这并不是"共鸣"，而是"共感"。

"共感"，正如其字面意思，就是需要和对方有同样的感情。

但共鸣并不需要和对方有同样的感情。即便你和对方的心情完全不同，但只要你能够激发对方的感情，一样能够实现"共鸣"。

只要让对方觉得"有共鸣""被称赞"，就能够激发对方的正面情绪。

03

用一句话
调动他人的感情

　　虽然我们很难控制自己的感情，但很容易因为别人的一句话而产生感情上的波动。

　　别人的一句话，可能使我们欢喜、愤怒、悲伤、快乐。

　　同样，我们也可以只用一句话就调动起他人的感情。

　　请试着想出能够让对方感觉"产生共鸣"和"被称赞"的一句话吧。

04

重复对方的行动

让对方感觉"产生共鸣"的秘诀之一，就是"重复对方的行动"。比如，职场上的后辈对你发牢骚说：

"上田课长总是忽然让我提交销售额统计表。

以防万一，我昨天加班把统计表提前准备出来了。

不但做了统计表，还写了分析报告。"

在这种情况下，你应该怎么回答呢？

最常见的 NG 情况就是你以为自己与对方产生了"共鸣"，但实际上只表示出了"同情"。但"同情"与对方的感情无关，只体现你自己的思考和感情。

"岸本部长也总是忽然让我提交资料。"

"上田课长也总对我这样说。"

"我也加班了。今天晚上去喝一杯减减压吧。"

"那可真辛苦呢。"

"你很努力啊！"

POINT

· 不能只顾着说自己的体验。

· 因为对方没说辛苦，自己不能擅自表现出同情。

· "你很努力啊"有看轻对方的嫌疑。

每个人都希望自己得到认可，因此对"行动"的部分进行重复，可以使对方感觉"我的行动得到了认可，得到了接受"。

重复对方的"行动"（认可对方的行动）

对方："突然让我提交资料。"

自己："突然提出要求啊！"

包括多个行动的情况下，重复最后的行动。

对方："我不但制作了资料，还写了分析报告。"

自己："还写了分析报告啊！"

✓ OK

"**突然提出要求**啊！"

"**加班**了呀！"

"还**写了分析报告**啊！"

"还**写了分析报告**啊！你真努力呢。"

"**加班写了分析报告**啊！我也加班了。"

POINT

先重复对方的行动，然后补充安慰的话
和自己的经历。

05

重复对方的思考

当对方情绪比较激动、尤其是表现出负面情绪的时候，尝试着重复对方的思考，能够让对方的负面情绪转变为正面情绪。比如，有人对你这样抱怨的话，你会怎样回答呢？

"我在网上买了点心。

网站上说保质期一周，

结果我拿到手的时候就是保质期的最后一天了。

商品到顾客手上的时候只剩下一天的保质期，这也太不合理了吧。

我要早知道是这样，肯定不会买的。"

"不要在网上买啦。"

"赶紧给他差评。"

"至少还有一天保质期啊！"

"真惨啊！"

"我觉得没什么不合理的。"

POINT

· 对方没有向你寻求帮助时不需要出主意。

· 不要擅自传达自己的想法。

通过重复对方的"思考"，可以使对方感觉"我的思考得到了认可，得到了接受"。这种通过重复"思考"来引发共鸣的技巧对男性尤其有效。绝大多数男性在自己的思考（想法）得到认可时都会感到非常高兴。

重复对方的"思考"（认可对方的思考）

对方："商品到顾客手上的时候只剩下一天的保质期，这也太不合理了吧。"

自己："确实不合理。"

包括多个思考的情况下，重复最后的思考。

对方："难以置信，拿到手的时候竟然就是保质期的最后一天了，我认为这非常不合理。"

自己："我也这么认为。"

OK

"拿到手就是保质期的最后一天，真的难以置信。"

"我也这么认为（不合理）。"

"同感。"

"确实难以置信。我也这么认为。"

"确实难以置信。不过网购经常出现这样的问题。"

POINT

通过重复对方的想法表示赞同。

06

重复对方的感情

前面我介绍了通过认可对方的"行动"和"思考"来产生共鸣的方法，但要想真正地产生共鸣，需要认可对方的"感情"。绝大多数女性在自己的"感情"部分得到认可时都会感到非常高兴。

"我以前从来没有抽中过演唱会的门票，好难过。
这次终于抽中了，可以去现场看演唱会，好开心！
演唱会当天一定会非常快乐呢！"

NG

"真让人羡慕啊！我没抽中，好难过。"

"恭喜你！"

"你真有毅力。"

"我也抽中了！"

"抽中的秘诀是什么？"

POINT

- 不管对方的感情是喜是悲，要想引发共鸣，就不能只顾着说自己的事情。
- "恭喜"只针对抽中了的事实，并没有涉及对方的感情。

如果你能够准确地把握对方的"感情"这个既看不见又摸不到的东西，就会使对方产生"这个人了解我的心情"的感觉，从而对你非常信赖。实际上你可能并没有真正地把握对方的感情，但这也没有任何问题，只要抓住对方语言中的"感情"部分并加以重复即可。

重复对方的"感情"（认可对方的感情）
对方："终于抽中了，能去现场看演唱会好开心。"
自己："好开心呢。"

包括多个感情的情况下，重复最后的感情。
对方："好开心。演唱会当天一定会非常快乐呢！"

自己："一定会非常快乐的。"

✓ **OK**

"**好难过**啊！"

"**很开心**呢。恭喜你！"

POINT

先表示共鸣，再进行祝贺。

"一定会**非常快乐**！"

"**很开心，很快乐**。"

"一定会**很快乐**！我也抽中了。"

POINT

先表示共鸣，再说自己的情况。

07

不要让对方
说出负面的语言

　　日本人在受到别人的称赞后都会谦虚地说"哪里哪里……"但这实际上是一种否定的语言。否定的语言同样会传入说话者的耳中，使对方在无意识中产生负面的情绪。

✕ NG

　　"好可爱的胸针啊！"

　　"真是个帅气的书包。"

　　"好漂亮的裙子。"

　　"你的字写得真好看。"

"你很擅长绘画啊！"

对于这样的称赞，很多人都会习惯性地回答"哪里哪里……"。

为了避免出现上述问题，最好的办法是将说话的主语从"你"替换为"我"，这样对方就不会说出否定的语言（"你的胸针真可爱"→"我也想要一个这样的胸针"）。

将"YOU（你）信息"变为"I（我）信息"。

"我也想要一个这样的胸针。"

"我也好喜欢这个书包。"

"我也打算买一条这样的裙子。"

"要是我也能写出像你这样漂亮的字就好了……"

"真希望我也能画出这样的画啊！"

08

用"提问"让对方感觉
自己"被称赞了"

即便你认为自己是在称赞对方，但如果对方没感觉到自己"被称赞了"，那就毫无意义。有时候如果称赞的方法不对，甚至可能被对方认为你是在骚扰他。而且"称赞"有种自上而下进行评价的感觉，有人会对此感到不快。

✕ NG

"你的眼镜非常漂亮。"

"这件红色的衣服很帅气呢。"

"这个料理很好吃。"

"这个发型很适合你。"

"这份资料做得很好。"

可以将"称赞"理解为纵向关系之间的语言。

如果想让对方感觉自己"被称赞了",可以尝试使用"提问"的方式。"提问"没有自上而下进行评价的感觉,反而有种"自下而上寻求解答"的感觉,所以会使对方产生优越感。

✔ **OK**

"这个眼镜是在哪里买的？"

"这件衣服是在哪里买的？"

"这个料理是怎么做的？"

"你去的是哪家理发店？"

"这份资料你是怎么做出来的？"

POINT

通过提问，让对方有个好心情。

09

让对方"自吹自擂"

虽然通过提问让对方感觉"被称赞了"是个很有效的方法，但要切记不能对过去的事情刨根问底，不停地进行追问。因为这样会使对方感觉自己受到了逼迫，产生负面情绪。

NG

"为什么做了这件事呢？"

"什么时候做的？"

"为什么不顺利呢？"

"是谁让你做的呢？"

关于过去的追问，一定要聚焦在对方的成功经历上。询问对方的成功经历，让对方将成功的经历说出来，能够使对方重新产生成功时的喜悦。这种无意识的自吹自擂，可以使对方产生正面情绪。

✓ **OK**

"您在学生时代是一个什么样的学生会会长呢？"

"您受到表彰的时候，是怎样的心情？"

"您是怎样通过自学取得注册会计师证书的，可以教我一些秘诀吗？"

"为了让作品入选，您都下了哪些功夫？"

10

转述第三方的评论

　　正如前文中提到的那样，直接对他人进行称赞，会使人产生被自上而下进行评价的感觉。

NG

　　"你制作的资料非常通俗易懂。"

　　"这里面 ×× 最好吃。"

　　"你回邮件总是这么快。"

　　"你学东西很快。"

　　如果是间接的称赞，则没有任何问题。只需要将第三方的称赞转述给对方，就可以激发对方的正面情绪。

"部长说，你制作的资料非常通俗易懂。"

"联欢会的时候，山田他们说，你定的那个店铺非常好。他们还说只要是你负责预约店铺的联欢会，他们肯定不会缺席。"

"我听部门的人说，因为你回邮件总是非常快，所以工作进展得很顺利。"

"清川前辈说，因为你学东西非常快，所以他指导你工作非常轻松。"

CHAPTER 4

小结

☑ 当对方产生正面情绪的时候，就会采取超出期待的行动。

☑ 不需要真正的共鸣和称赞。

☑ 用一句话来调动他人的感情。

☑ 只要让对方感觉你和他之间有"共鸣"就好。

☑ 只要让对方感觉自己"被称赞了"就好。

让对方认为有"共鸣"的秘诀

·重复对方的行动。

·重复对方的思考。

·重复对方的感情。

让对方认为"被称赞了"的秘诀

·不要让对方说出负面的语言。

·用"提问"让对方感觉自己"被称赞了"。

·让对方"自吹自擂"。

·转述第三方的评论。

适得其反！绝对不能做的事④
慢条斯理地说话可能会让对方感到焦躁

当你给客户中心或售后服务打电话的时候，有没有因为人工语音应答那种慢条斯理的说话方式而感到焦躁？

因为即便不用说得这么慢你也能听清楚，所以希望对方说得更快一点。但毕竟这是人工智能语音，所以也没办法。

但如果对方是真人的话，你还会忍耐下去吗？

在交流的时候，配合对方的节奏非常重要。如果对方说话速度很快，那么你也要说得快一些。如果对方说话很慢，那你也要放慢速度。

所以不必任何时候都慢条斯理地说话，一切都取决于对方的情况。

5

这种时候
应该怎么办？
具体情况的应对办法

01

和忙碌的上司商谈

如果做汇报的时候说起来没完没了，或者说话的内容让人找不到重点，就会使对方感到焦躁和愤怒，在对方比较繁忙的时候更是如此。因此，在与繁忙的上司商谈的时候，要"先说结论"，一开始就将"想要商谈什么内容"传达出去。

NG

"部长，总务部的井上刚入职的时候本来是做经理工作的。

他努力地考取了很多相关的资格证书，看起来是很喜欢经理工作。

如果井上辞职导致离职率上升的话，会很麻烦啊！"

✅ OK

"部长，非常感谢您百忙之中抽出时间。

我想和您商谈的是关于井上辞职的事。

他要辞职的原因是想从事经理相关的工作。

我的想法是，如果让他去做经理的工作，

是否可以让他打消辞职的念头。

部长您看怎么样？"

POINT

将自己的问题明确地提出来，让对方知道你希望得到对方的参考意见。

02

给比自己年长的部下安排工作

　　即便自己在组织中身居高位，也应该尊重比自己年长的部下。在给对方安排工作的时候，应该表现出"我非常不擅长处理这项业务，希望您能教我"的态度。求教是一种自下而上寻求帮助的表现。如果你表现出这种尊重的态度，对方就会很愿意行动起来。

X NG

　　"这份资料，可以拜托你来做吗？"

"我想拜托铃木先生帮忙做这份资料。

这份资料只能拜托经验丰富的铃木先生来做。

截止时间是下周一下午 4 点。

这份资料就拜托您了。"

通过放低自己的身份来表示对对方的尊重。

03

对经常无故缺席的兼职人员进行提醒

提醒属于一种"自上而下"的态度。因此应该将提醒转变为"请求"。在"请求"的同时认可对方的存在，并附加感谢的话语，就可以使对方产生正面情绪。这样对方就会更愿意听你的话。

NG

"我要跟你说多少遍你才明白？

你这样会给大家添麻烦的。

休息的话一定要事先通知我们。

明白了吗？"

POINT

自上而下的态度会使对方产生负面情绪，导致不愿接收你的信息。

✓ **OK**

"感谢您一直以来认真制作资料。

田中先生的资料很少出错，对我们很有帮助。

不过，我有件事想拜托您。

如果要休息的话，希望您能事先通知我们一声。

因为田中先生也是我们团队的一员，如果不说一声就休息的话会让大家担心。

所以希望您能在休息之前联系我们一下。"

POINT

· 感谢 + 请求。
· 用结果法通俗易懂地传达信息。

04

让对方长话短说的方法
之一

　　如果对方总是说起来没完，就先规定交流的时间。在有时间限制的情况下，对方就会先传达最想说的信息，这样就能更容易打断对方的话。

✕ NG

　　对方："可以占用你一点时间吗？"

　　你："可以，如果只是一点时间的话。"

　　对方"……○○……△△……，所以……□□……（10分钟过去）"

✔ **OK**

对方："可以占用你一点时间吗？"

你："**5 分钟的话没问题**。我必须在 30 分钟之内把请求书送过去。"

对方："……○○……△△……，所以……□□……"

你："啊，我必须要去送请求书了，抱歉打断你，实在是非常抱歉。"

05

让对方长话短说的方法之二

当对方心情好的时候，就会说起来没完。在时间允许的情况下，可以让对方尽情地说，但如果没有那么多时间，就应该用"话说……"的转折来委婉地打断对方。

✗ NG

"虽然我还想继续听您说下去，但因为没有时间了，等下次有机会吧。"

"虽然和您聊天很开心，但我一会儿要外出，所以抱歉了。"

✓ OK

"（接过对方的话题），真是很开心呢。

话说，我今天下午 5 点之前需要提交企划报告。

实在是非常抱歉，我得先走了。"

POINT

趁对方停顿的时候，对最后的信息表示共鸣，然后用"话说……"来转换话题。

06

虽然没有替代方案，但仍然想表示反对

　　在提出反对意见的时候，需要注意不要让对方产生负面情绪。即便反对对方的意见，也不能一味地否定，而是要先对其意见表示肯定。在此基础上，传达虽然肯定对方的意见但并不赞成的意思。即便没有替代方案，也可以将不赞成的意见传达给对方。

✕ NG

　　你："**我反对**这个意见。"

　　对方："既然你这么说，那你有什么好主意吗？"

你："不，我还没有想到……"

对方："你都没想好，就不要对别人的意见指手画脚。"

✓ OK

"您的意见我明白了。

我并没有想到合适的方案，非常抱歉。

但我对您的意见感觉有点无法接受，所以现在还不能赞成。"

POINT

· 先表明自己没有想到替代
  方案。
· 表示自己并非"反对"，而
  是"不能赞成"。

"您的意见我完全没想到。

我并没有想到合适的方案，非常抱歉。

不过我有个问题。

经过验证后，都存在哪些悬而未决的问题，

可以详细说明一下吗？"

POINT

· 如果直接指出对方的问题，会使对方产生负面情绪，因此要让对方自己将问题说出来。

07

反对对方意见的同时，
让自己的意见得到通过

不否定对方的意见，可以避免出现感情上的对立。在提出自己意见的同时，也将自己意见的缺点和解决办法提出来，表示自己经过深思熟虑。

✕ NG

"**我完全不赞同这个方案。**

这款商品面向的消费群体，根本不看报纸广告和传单，

所以这个方案已经跟不上时代了，

对其进行验证只是在浪费时间和金钱罢了。

我的提案是通过 SNS 进行宣传。

完全没有理由不利用 SNS。

就应该使用 SNS！"

> **POINT**
>
> 完全否定对方的意见，会导致感情上的对立。

✔ OK

"**您的意见我完全没想到，让我学到了很多**。

另外，我的提案是○○。

这个提案的**好处**是△△，**问题**是□□，**解决办法**是☆☆。

综上所述，我的提案是○○。"

> **POINT**
>
> ・认可对方的意见。
> ・将自己意见的优点、缺点、解决办法都说清楚（两面法）。

OK

"您的意见我完全没想到。

另外，我的提案是○○。

这个提案的效果主要有两点。

第一个是△△，第二个是▲▲。

关于第一个△△，是……

关于第二个▲▲，是……

此外，问题是□□，解决办法是☆☆。

综上所述，我的提案是○○。"

POINT

· 将优点和缺点都说清楚（两面法）。
· 在传达优点的时候，用"两三个法"非常有效。
· 缺点只说一个。

OK

"您提出的意见我完全没想到。

另一方面，我推荐的商品是 A。

理由有两个。

第一个是△△，第二个是▲▲。

关于第一个△△，优点是……，缺点是……，解决办法是○○。

关于第二个▲▲，优点是……，缺点是……，解决办法是☆☆。

因为上述△△和▲▲两个理由，我推荐的商品是 A。"

POINT

· 在理由比较多的时候，用"两三个法"来进行说明非常有效。
· 在做结论的时候，用简明扼要的语言。

08

在自己的意见遭到否定时进行反驳

当自己的意见遭到否定时，难免会产生负面情绪。但对方会对你提出的意见做出反应，至少说明他对此有所关注。如果对方不关注的话就不会做出任何反应。因此，我们不能从感情上责备对方，而是要让对方认可我们提出的意见。要将对方的否定看成"发现了自己没发现的缺点"，并充分地加以利用。

NG

"你的意见根本无足轻重。"

"我好不容易想出来的主意，你就这么否定，也太过分了。"

"那么，你又有什么高见？"

OK

"感谢您对我的意见进行了这么深入的思考。

确实，关于××是我考虑不周。

对于这个问题，究竟应该如何改善才好呢？

希望大家一起想想办法。"

POINT

· 感谢对方指出问题。

· 将这作为继续完善自己意见的机会。

· 用求教的态度寻求他人的帮助，让对方产生正面情绪。

09

希望对方立即对不完善的资料进行修改

在对方认为"完美"的情况下，如果你指出对方存在的问题，就很容易使对方产生负面情绪。因此，首先要称赞对方的贡献。然后告诉对方你希望他采取什么行动，同时将这么做的原因与对方共享。最后将自己的要求重复一遍。这样就可以避免对方因为出现负面情绪而影响工作质量的情况。

NG

"这些资料全都不行。"

"为什么你会犯这么低级的错误？"

"你在提交资料之前要好好检查啊！"

"如果你不能马上把资料修改好重新提交的话，就会耽误其他业务的进度。"

OK

"**非常感谢**你及时地提交资料。

不过，这部分的内容希望你能**再修改一下**。

因为在这个关系到决策是否能够得到通过的部分，

有两个地方存在一些问题。

我把应该如何修改的样本也一并放在里面了。

请把这两个地方修改一下，在 30 分钟之内交给我，拜托了。"

将"30 分钟之内"的期限也明确地传达给对方。

让总是不遵守时间的人遵守时间

不要责备或训斥对方，应该和对方商量解决的办法。但不要直接谈论对方的行动，而是从不怪罪任何人的角度出发，以"工作中遇到一些困难，希望和可靠的你商谈一下"的方式进行交流。

✕ NG

"伊达先生总是在过了截止日期之后才提交资料，

导致我的工作进度被严重拖慢，让我很困扰。

请遵守时间，在截止日期之前提交啊！"

责备对方只会使对方产生
负面情绪。

✓ OK

"非常感谢您每次帮我制作资料。

不过关于伊达先生每月提交的资料，我有件事想拜托您。

其实，现在的截止提交日期提前了两天。

为了能够在截止日期之前收集到所有人的资料，我需要伊达先生的帮助。

不知伊达先生意下如何？"

11

让部下遇到问题立即报告

上司需要让部下理解报告的重要性，并且知道报告的意义。即便你认为"这种事不用我说部下也应该明白"，但只要部下在遇到问题时没有立即向你报告，就说明他并不明白。此外，身为上司还应该让部下知道，积极报告能够提升上司对他的评价。

× NG

"遇到问题的时候，请立即向我报告。

否则等问题发展到不可收拾的地步怎么办？

责任都是要由我来承担的。"

✓ **OK**

"遇到问题的时候，希望你能立即向我报告。

因为你及时地将问题告诉我，我们就能一起努力将损失控制
在最小的程度。

这样也能使你感到更加安心。

如果有余力的话，将你考虑的解决办法一并告诉我就更
好了。

遇到问题的时候请立即向我报告，希望你能帮我。"

12

不想被反复询问同样的问题

如果被对方反复询问同样的问题，你可能会因为感到厌烦而流露出不满的情绪，但这样也会使对方产生负面情绪。于是对方以后不再向你询问，导致工作品质下降，最终还是会对你产生不好的影响。如果对方因为不明白而总是向你询问，你应该引导对方找出更加具体的问题点。

✕ NG

"我不是刚说过了吗？
为什么还要问同样的问题呢?

我说的你有认真听吗？

不要浪费大家的时间好吗？"

> **POINT**
>
> 要注意，可能是你最开始的说明有问题。

✔ **OK**

"你有问题能主动来问我，非常感谢。

你能把不明白的地方具体地说清楚吗？

因为如果你问同样的问题，我也只能做出同样的回答。

但要是你能把具体的问题告诉我，

我就能做出更加准确的说明。"

13

当别人把工作都扔给自己的时候，让对方提供一些帮助

以自己能力不足为理由请求他人的帮助，等于将对方放在比自己更高的位置，因此会使对方产生正面情绪。此外，还可以使用"结果法"，将现状对对方来说处于不好的状态，如果能够得到对方的帮助就可以使结果向好的方向发展这一事实传达给对方，让对方理解为你提供帮助的必要性。

NG

"哎呀，不行啊！请不要全都让我一个人做。

我绝对无法在规定时间内做完。

前辈也帮帮我吧。"

OK

"前辈，非常感谢您把工作安排给我。

不过，我希望前辈也能帮我一下。

现在我即便加班，也无法在规定的时间内完成这些工作。

因为我的工作效率和前辈相比差得很远。

如果不能按时完成的话，我怕给前辈带来困扰。

但要是前辈能帮我一下的话，我应该能在规定时间内完成。

这样也不会影响前辈的工作进度。

前辈，请一定要帮帮我。"

POINT

将对方将工作全都交给你看作"对方信任你"，并对此表示感谢。

14

将对部下的批判传达给其本人

坏话通过第三方传到自己的耳朵里，只会使人产生更加负面的情绪。因此，在将他人对部下的批判传达给其本人时，要尽可能地避免变成对其个人进行的攻击。首先要表示慰问和感谢之情，然后用"寻求帮助"的态度巧妙地将批判传达给对方。

✕ NG

"加藤先生，开会的时候总务部提到了你的问题。

说你提交的资料有很多无用的浪费。

你是不是复印了太多份？

这次会议强调的就是勤俭节约，你可让我在会议上丢了脸。
下次再提交资料的时候可要看仔细了啊！"

 **OK**

"加藤先生制作的资料帮了我很大的忙，谢谢您。

不过我有件事想请您帮忙。

下次再复印资料的时候，希望您只复印所需的份数。

这是总务部提出的要求。

因为现在公司提倡勤俭节约，而且这样能避免出现信息泄露。

加藤先生以身作则的话，其他人也会向您学习的。

希望您再复印资料的时候只复印所需的份数。"

15

别人反复邀请你参加你不感兴趣的活动

首先要对别人的邀请表示"感谢"。但需要注意的是，在拒绝时不要道歉。因为道歉会使双方都产生负面情绪。因为不管你说出怎样的理由，都不会改变拒绝邀请这个结果，所以根本不需要解释。

但如果你表现出很感兴趣的样子，以后对方可能会反复邀请你参加。为了不必每次都拒绝，最好将你不感兴趣的信息明确地传达给对方。

NG

"哇，对不起呀！虽然我很感兴趣，但那一天我要参加亲戚的葬礼……

下次再有这样的活动一定要叫我啊！"

✓ **OK**

"**非常感谢你邀请我。**

但不巧那天我有别的安排。

而且，我对这样的活动不是很感兴趣。

总之非常感谢你邀请我。"

POINT

· 拒绝的时候不必道歉。
· 如果不感兴趣的话就直接表明。

适得其反！绝对不能做的事⑤
不必想办法逗对方发笑

　　谈话结束之后能说句俏皮话让对方忍俊不禁。可能很多人都觉得这样做会给别人留下好印象吧。但或许对方在听完你说话之后只觉得"啊，真开心……"

　　就算给对方留下了好印象，但如果不能让对方行动起来，也没有任何意义。

　　此外，有的人还会出现因为只想着如何逗对方发笑，导致没能将关键的信息传达出去的问题。

　　所以不要将注意力都放在逗对方发笑上，而是应该集中在自己想要传达的信息上。将自己想要传达的信息尽可能地整理得言简意赅，准确地传达出去。

　　你最希望对方做出怎样的反应呢？是采取你期望的行动，还是忍俊不禁？

结语

在本书的前言之中，我给大家出了一个邀请其他人一起吃午饭的题目。后来在对传达方法进行说明的例文之中，也经常出现邀请别人一起吃午饭的情景。

"明明是一本商业书，为什么总是用一起吃午饭作为题目呢？"

"要是多一些常见的商业案例就好了。"

"我从事的都是高端业务，用邀请吃午饭做案例进行讲解实在是太低端了！"

或许有人会这样想吧？但我绝对没有贬低大家的意思。这个关于邀请一起吃午饭的题目，其实有更深层的含义。

首先，这是一个任何人都可以在现场实践的题目。其次，这个题目还有以下三个特点。

1. 不限制职业和职务。

2. 能够将成长可视化。

3. 可以频繁练习。

首先来看第一个"不限制职业和职务"。本书的读者，可能从事各种各样的职业、担任各种各样的职务，年龄也各不相同。

如果以"在网页制作现场对顾客进行概要说明"或者"在经营会议上提出中期事业计划"为题目，可能有些读者会难以理解。

那么，什么样的内容能够适合所有的读者呢？经过深思熟虑，就是"邀请他人一起吃午饭"。

第二个"能够将成长可视化"，意思是可以直观地看到自己水平的进步。

首先在前言中提出一个问题，大家可以通过这个问题来把握自己的现状，然后通过后续的阅读来逐渐提升自己的水平（大家在最开始想到的回答，和看完这本书之后想到的回答，一定完全不同了吧）。

每当我们掌握一个新技能时，就会产生成就感，也会更有干劲，希望能够掌握更多的技能。

通过同一个题目的反复出现，能够让大家更加切实地感觉到自己能力的提升。

第三个"可以频繁练习"，是为了让大家能够下意识地对

"让他人行动起来的传达方法"进行练习。

在我们的生活中，一日三餐必不可少，大家今后也会遇到许多吃午饭、早饭、晚饭、下午茶的机会。

很多参加学习会和研讨会的人，虽然在当时都感觉自己"学会了""明白了"，但等回家之后睡了一觉，第二天就把当时学的东西忘得差不多了。

因此，为了让大家能够通过练习反复地加深记忆，我才选择了这个任何人的日常生活中都十分常见的吃午饭的场景。就算不用真的邀请别人，也可以在自己一个人去吃午饭的时候自言自语地练习一番。请大家一定要多多练习。

衷心地希望大家通过阅读本书，能够掌握让他人行动起来的传达方法，并且因此取得"超出期待"的成果，使自己的人生变得更加幸福和快乐！

2018 年 10 月

冲本琉璃子

冲本琉璃子

1分钟话术顾问。利用"5分钟会议™"培养人与组织的专家。CHEERFUL公司董事长。

曾在江琦格力高、管财商社任职。负责业务改善与业务改革的项目管理，30多岁成为董事。作为领导者对组织进行统筹管理时，经常因为与部下之间交流的偏差，以及和其他部门之间的冲突而感到烦恼。后来公司破产，自己深刻地认识到"要想让公司顺利发展，充分的交流必不可少"，于是开始研究"让对方能够更好地把握内容的说话方法""让对方更容易行动起来的说话方法"，结果发现重要的就是"将说话的内容控制在1分钟之内"。现在以"充分利用会议进行人才培养和组织改革"为核心，为企业提供管理顾问和研修培训服务。"5分钟会议™"提倡"不管身居多高的位置，也要将意见控制在1分钟之内表达"。同时担任明治大学进修项目讲师。以"演讲专家"的身份接受过TBS电视台的专门采访。

著作有《领导者必须将说话的内容控制在1分钟之内》《让他人行动起来！领导者的交流教科书》《提高生产效率！短时间内取得成果的"交流"与"会议"》等。